자동암기
불규칙 동사

어떻게 해야 할지 모르겠다면?

휴대폰 사진 앱으로 **QR코드↓**를 비춰보세요.

bit.ly/verbdata

또는, 인터넷으로 **여기↑**에 접속해 보세요.

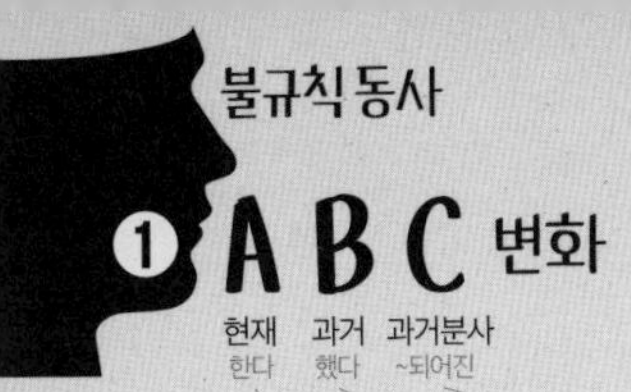

1

am/is was been
æm앰/íz이즈 wɔ́z워즈 bíːn비인
상태이다 상태였다 상태였던

❷ 교재에
3~6번씩 쓰면서
영어로 말하기.

am/is was been

2

are were been
ɑ́r얼 wɔ́r월 bíːn비인
상태이다 상태였다 상태였던

are were been

3

do/does did done
dúː두 dʌ́z더즈 díd딛(ㄷ) dʌ́n던
(행동)한다 (행동)했다 (행동)되어진

❸ ABAn 형태지만, 공간상 여기에 넣었습니다.

do/does did done

4

fly flew flown
fláɪ플라이 flúː플루 flóʊn플로운
날다 날았다 날려진

fly flew flown

see saw seen

síː씨이   sɔ́ː써   síːn씨인

보이다   보였다   보여진

❸ ABAn 형태지만, 공간상 여기에 넣었습니다.

see saw seen

begin began begun

bɪgín비긴   bɪgǽn비갠   bɪgʌ́n비건

시작하다   시작했다   시작되어진

begin began begun

drink drank drunk

dríŋk드륑크   drǽŋk드뢩크   drʌ́ŋk드뤙크

마시다   마셨다   마셔진

drink drank drunk

ring rang rung

ríŋ륑   rǽŋ뢩   rʌ́ŋ륑

울리다   울렸다   울려진

ring rang rung

9

shrink **shrank** **shrunk**

ʃrínk 쉬륑ㅋ　ʃrǽnk 쉬뢩ㅋ　ʃrʌ́nk 쉬륑ㅋ
줄어들다　줄어들었다　줄어든

shrink shrank shrunk

10

sing **sang** **sung**

síŋ 씽　sǽŋ 쌩　sʌ́ŋ 썽
노래부르다 노래불렀다 노래불려진

sing sang sung

11

sink **sank** **sunk**

síŋk 씽ㅋ　sǽŋk 쌩ㅋ　sʌ́ŋk 썽ㅋ
가라앉다　가라앉았다　가라앉은

sink sank sunk

12

swim **swam** **swum**

swím ㅅ윔　swǽm ㅅ웸　swʌ́m ㅅ웜
수영하다　수영했다　수영한

swim swam swum

# ② A A A 변화
현재 과거 과거분사
한다 했다 ~되어진

따라 말하기

음원 듣기

13

bet　bet　bet
bét 벹(ㅌ)　bét 벹(ㅌ)　bét 벹(ㅌ)
걸다　　걸었다　　걸어진

bet bet bet

14

broadcast　broadcast　broadcast
brɔ́:dkæst 브뤄ㄷ캐ㅅㅌ　brɔ́:dkæst 브뤄ㄷ캐ㅅㅌ　brɔ́:dkæst 브뤄ㄷ캐ㅅㅌ
방송하다　　방송했다　　방송되어진

broadcast broadcast broadcast

15

burst　burst　burst
bə́rst 벌ㅅㅌ　bə́rst 벌ㅅㅌ　bə́rst 벌ㅅㅌ
폭발하다　　폭발했다　　폭발된

burst burst burst

16

cost　cost　cost
kɔ́st 커ㅅㅌ　kɔ́st 커ㅅㅌ　kɔ́st 커ㅅㅌ
비용이들다　비용이 들었다　비용이든

cost cost cost

---

cut cut cut

kʌ́t 컽(ㅌ) kʌ́t 컽(ㅌ) kʌ́t 컽(ㅌ)

자르다 잘랐다 잘려진

cut cut cut

fit fit fit

fít 핕(ㅌ) fít 핕(ㅌ) fít 핕(ㅌ)

딱 맞다 딱 맞았다 딱 맞은

fit fit fit

hit hit hit

hít 힡(ㅌ) hít 힡(ㅌ) hít 힡(ㅌ)

치다 쳤다 쳐진

hit hit hit

hurt hurt hurt

hə́rt 헕(ㅌ) hə́rt 헕(ㅌ) hə́rt 헕(ㅌ)

다치게 하다 다치게 했다 다치게 되어진

hurt hurt hurt

# let let let
lét렡(ㅌ) lét렡(ㅌ) lét렡(ㅌ)
허락하다 허락했다 허락되어진

let let let

# put put put
pút풀(ㅌ) pút풀(ㅌ) pút풀(ㅌ)
놓다　　놓았다　　놓여진

put put put

quit quit quit
kwít쿠잍 kwít쿠잍 kwít쿠잍
그만두다　그만뒀다　그만둬진

quit quit quit

# set set set
sét셀(ㅌ) sét셀(ㅌ) sét셀(ㅌ)
놓다　　놓았다　　놓여진

set set set

shut   shut   shut

ʃʌt 셧(트)   ʃʌt 셧(트)   ʃʌt 셧(트)
닫다   닫았다   닫혀진

shut shut shut

단단 기초 영어공부 혼자하기

한 권으로 끝내는 초등 영어회화 + 영어문법!

마이크 황의 다른 책(미드·영화·명언 등)에서 뽑은
쉽고 흥미로운 문장!

저자 직강 영상 강의! 순화된 문법 용어의 쉬운 설명!

원어민MP3 제공! 한글 발음 병기!

1일 4쪽(4단계), 28일 완성!

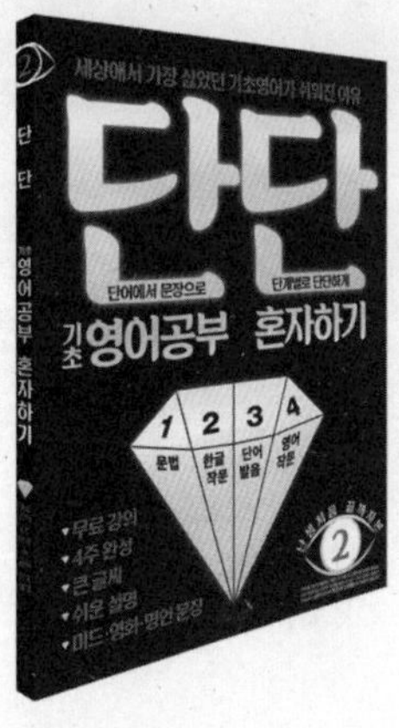

(저는) 과거에 영어강사를 했었고, 초등 저학년부
터 성인까지 두루 영어를 가르친 경험이 있습니다.
서점에는 책들이 엄청 넘쳐나는데 성인기초학습
자에게 괜찮은 책이 마땅치 않다는 것이었습니다.
정말 이런 게 필요했거든요. 여러 수업을 책 한 권
에 녹여놓았다 해도 과언이 아니네요. -growi★★

책 주문하고 3주만에 책 끝까지 봤습니다. 물론
완벽하진 않지만 처음으로 끝까지 끝낸 책이네요.
영어공부 출발에 도움 주셔서 감사드립니다.
- neont★★

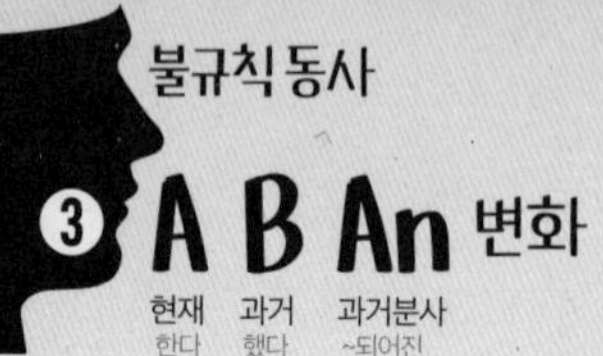

③ A B An 변화

현재 과거 과거분사
한다 했다 ~되어진

따라 말하기

🎧 음원 듣기

26

bid bade bidden

bíd비드 béɪd베이드 bídn비든

입찰하다 입찰했다 입찰되어진

bid bade bidden

27

blow blew blown

blóʊ블로우 blú:블루 blóʊn블로운

불다 불었다 불어진

blow blew blown

28

draw drew drawn

drɔ́:드뤄 drú:드루 drɔ́:n드뤈

끌다/그리다 끌었다/그렸다 끌려진/그려진

draw drew drawn

29

drive drove driven

dráɪv드롸이브 dróʊv드로우브 drívn드뤼븐

운전하다 운전했다 운전되어진

drive drove driven

eat   ate   eaten
íːt이잍(ㅌ)   éɪt에잍(ㅌ)   íːtn이이튼
먹다   먹었다   먹혀진

eat ate eaten

fall   fell   fallen
fɔːl펄   fél펠   fɔːlən펄른
떨어지다   떨어졌다   떨어졌던

fall fell fallen

forbid   forbade   forbidden
fərbíd폴비드   fərbéɪd폴베이드   fərbídn폴비든
금지하다   금지했다   금지되어진

forbid forbade forbidden

forgive   forgave   forgiven
fərgív폴기브   fərgéɪv폴게이브   fərgívn폴기븐
용서하다   용서했다   용서되어진

forgive forgave forgiven

give　gave　given

gív 기브　　géɪv 게이브　　gívn 기븐

주다　　주었다　　주어진

give gave given

go　went　gone

góʊ 고우　wént 웬트　gɔ́n 건

가다　　갔다　　간

go went gone

grow　grew　grown

gróʊ 그로우　grú 그루　gróʊn 그로운

자라다　　자랐다　　자란

grow grew grown

know　knew　known

nóʊ 노우　nú: 누:　nóʊn 노운

알다　　알았다　　알려진

know knew known

ride rode ridden
ráɪd롸이ㄷ róʊd로우ㄷ rídn뤼든
(탈것을)타다 탔다 타진

ride rode ridden

rise rose risen
ráɪz롸이즈 róʊz로우즈 rízn뤼즌
솟아오르다 솟아올랐다 솟아올랐던

rise rose risen

sew sewed sewed/sewn
sóʊ쏘우 sóʊd쏘우ㄷ sóʊd쏘우ㄷ sóʊn쏘운
꿰매다 꿰맸다 꿰매어진

sew sewed sewed/sewn

shake shook shaken
ʃéɪk쉐이ㅋ ʃúk슉(ㅋ) ʃéɪkən쉐이큰
흔들다 흔들었다 흔들려진

shake shook shaken

ABC AAA **ABAn** ABBn ABA ABB1 ABB2 ABB3

show showed shown

ʃóʊ쇼우 ʃóʊd쇼우드 ʃóʊn쇼운
보여 주다 보여 주었다 보여진

42

show showed shown

take took taken

téɪk테잌(ㅋ) túk툭(ㅋ) téɪkən테이큰
가져가다 가져갔다 가져가진

43

take took taken

throw threw thrown

θróʊ뜨로우 θrú:따루 θróʊn뜨로운
던지다 던졌다 던져진

44

throw threw thrown

write wrote written

ráɪt롸이트 róʊt로우트 rítn뤼튼
(글씨) 쓰다 (글씨) 썼다 (글씨가) 쓰여진

45

write wrote written

  ABC AAA **ABAn** ABBn ABA ABB1 ABB2 ABB3

④ A B Bn 변화

현재   과거   과거분사
한다   했다   ~되어진

따라 말하기

음원 듣기

46

bear   bore   born/borne

béər베얼   bɔ́ːr보얼   bɔ́ːrn볼온
낳다   낳았다   낳아진

bear bore born/borne

47

beat   beat   beaten

bíːt비일(트)   bíːt비일(트)   bíːtn비일튼
치다   쳤다   쳐진

beat beat beaten

48

bite   bit   bitten

báɪt바이트   bít빝(트)   bítn비튼
물다   물었다   물려진

bite bit bitten

49

break   broke   broken

bréɪk브뤠이크   bróuk브로우크   bróukn브로우큰
부수다   부쉈다   부서진

break broke broken

ABC   AAA   ABAn   **ABBn**   ABA   ABB1   ABB2   ABB3

choose　chose　chosen
50

tʃúːz 츄즈　　tʃóuz 쵸우즈　　tʃóuzən 쵸우즌

고르다　　골랐다　　골라진

choose chose chosen

forget　forgot　forgot/forgotten
51

fərgét 폴겓(트)　　fərgát 폴같(트)　　fərgát 폴같　　fərgátn 폴가튼

잊다　　잊었다　　잊혀진

forget forgot forgot(ten)

freeze　froze　frozen
52

fríːz 프뤼이즈　　fróuz 프로우즈　　fróuzən 프로우즌

얼리다　　얼렸다　　얼려진

freeze froze frozen

get　got　got/gotten
53

gét 겥(트)　gát 같(트)　gát 같(트)　gátn 가튼

생기다　생겼다　생겨진

get got got/gotten

hide hid hidden

háɪd하이ㄷ　híd히ㄷ　hídn히든
숨기다　숨겼다　숨겨진

hide hid hidden

lie lay lain

láɪ라이　léɪ레이　léɪn레인
눕다　누웠다　누웠던

lie lay lain

speak spoke spoken

spíːk ㅅ피읰(ㅋ) spóuk ㅅ포욱(ㅋ) spóukən ㅅ포우큰
말하다　말했다　말해진

speak spoke spoken

steal stole stolen

stíːl ㅅ티일　stóul ㅅ토울　stóulən ㅅ토울른
훔치다　훔쳤다　훔쳐진

steal stole stolen

ABC　AAA　ABAn　**ABBn**　ABA　ABB1　ABB2　ABB3

swear swore sworn

swér스웨얼　　swɔ́ːr스월　　swɔ́ːrn스월언
맹세하다　　맹세했다　　맹세되어진

swear swore sworn

tear tore torn

tér테얼　　tɔ́ːr토얼　　tɔ́ːrn톨온
찢다　　찢었다　　찢어진

tear tore torn

wake woke woken

wéɪk웨잌(ㅋ)　　wóuk워욱(ㅋ)　　wóukn워우큰
(잠을) 깨우다　　깨웠다　　깨워진

wake woke woken

wear wore worn

wér웨얼　　wɔ́ːr월　　wɔ́ːrn월언
입다　　입었다　　입혀진

wear wore worn

⑤ ABA 변화

현재 과거 과거분사
한다 했다 ~되어진

62

become   **became**   **become**

bɪkʌ́m비컴   bɪkéɪm비케임   bɪkʌ́m비컴

되다   되었다   되었던

become became become

63

come   **came**   **come**

kʌ́m컴   kéɪm케임   kʌ́m컴

오다   왔다   왔던

come came come

64

run   **ran**   **run**

rʌ́n런   rǽn랜   rʌ́n런

달리다   달렸다   달렸던

run ran run

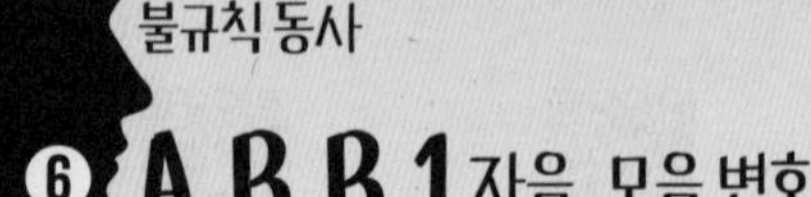

⑥ A B B 1 자음, 모음 변화

현재 과거 과거분사
한다 했다 ~되어진

따라 말하기

◉ 음원 듣기

65

bring brought brought
bríŋ 브링   brɔ́:t 브뤹   brɔ́:t 브뤹
가져오다   가져왔다   가져와진

bring brought brought

66

buy bought bought
bái 바이   bɔ́:t 벝(ㅌ)   bɔ́:t 벝(ㅌ)
사다   샀다   사진

buy bought bought

67

catch caught caught
kǽʧ 캐취   kɔ́:t 컽(ㅌ)   kɔ́:t 컽(ㅌ)
붙잡다   붙잡았다   붙잡혀진

catch caught caught

68

fight fought fought
fáɪt 파이트   fɔ́:t 펕(ㅌ)   fɔ́:t 펕(ㅌ)
싸우다   싸웠다   싸워진

fight fought fought

---

seek   sought   sought

sí:k 씨이크   sɔ́:t 썰(트)   sɔ́:t 썰(트)
찾다   찾았다   찾아진

seek sought sought

teach   taught   taught

tí:tʃ 티이취   tɔ́:t 털(트)   tɔ́:t 털(트)
가르치다   가르쳤다   가르쳐진

teach taught taught

think   thought   thought

θíŋk 띵크   θɔ́:t 떨(트)   θɔ́:t 떨(트)
생각하다   생각했다   생각되어진

think thought thought

creep   crept   crept

krí:p 크뤼잎(프)   krépt 크뤱트   krépt 크뤱트
기다   기었다   기어 갔던

creep crept crept

feel felt felt
fíːl 피일   **félt** 펠트   **félt** 펠트
느끼다   느꼈다   느껴진

feel felt felt

keep kept kept
kíːp 키잎   **képt** 켑트   **képt** 켑트
유지하다   유지했다   유지되어진

keep kept kept

kneel knelt/kneeled knelt/kneeled
níːl 니일   **nélt** 넬트   **níld** 니일드   **nélt** 넬트   **níld** 니일드
무릎 꿇다   무릎 꿇었다   무릎 꿇었던

kneel knelt/kneeled knelt/kneeled

sleep slept slept
slíːp 슬리잎   **slépt** 슬렙트   **slépt** 슬렙트
자다   잤다   잤던

sleep slept slept

sweep **swept** **swept**

swíːp 스위잎(프) swépt 스웹트 swépt 스웹트
쓸다 쓸었다 쓸어진

sweep swept swept

weep **wept** **wept**

wíːp 위잎(프) wépt 웹트 wépt 웹트
(흐느껴) 울다 울었다 울었던

weep wept wept

leave **left** **left**

líːv 리이브 léft 레프트 léft 레프트
(남기고) 떠나다 떠났다 남겨진

leave left left

lose **lost** **lost**

lúːz 루즈 lɔ́st 러스트 lɔ́st 러스트
잃다/지다 잃었다/졌다 잃어버린/진

lose lost lost

sell　sold　sold

sél쎌　　sóuld쏘울ㄷ　sóuld쏘울ㄷ
팔다　　　팔았다　　　팔려진

sell　sold　sold

tell　told　told

tél텔　　tóuld토울ㄷ　tóuld토울ㄷ
말하다　　말했다　　　말해진

tell　told　told

유레카 팝송 영어회화 200

구매하기

MBC 설문조사로 뽑은 한국인이 가장 좋아하는 팝송 200곡!
즐기면서 익히는 영어회화+듣기+쓰기+발음+문법+어휘 2500개!

유튜브 저자 직강(rb.gy/ttuwi), 카카오톡 지원(rb.gy/2ettr)!
단락별 시간 표기, 1.5배 큰 글씨, 영한대역 구성, 한글발음 병기.

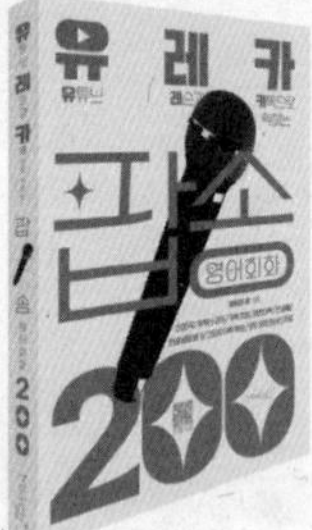

빌리 조엘 피아노맨도 있네요...메이킨 러ㅂ 투 히ㅈ 터닉갠
쥔ㅋㅋㅋㅋ 첨엔 이게 뭐야!!ㅋㅋㅋ이랬거든요.ㅋㅋㅋ 근데
이대로 따라 불러보면 팝송이 술술 불러진답니다! 한글로 영
어가사 발음을 정말 리얼하게 잡아냈더라고요. - cheche_**

팝송을 좋아하는 학습자들에게 충분한 소장가치를 준다...패
턴을 보고 난 후에 회화연습에 들어가니 신기하게도 모든 문장
들에 담긴 패턴이 한 눈에 보인다. - kijeongk**

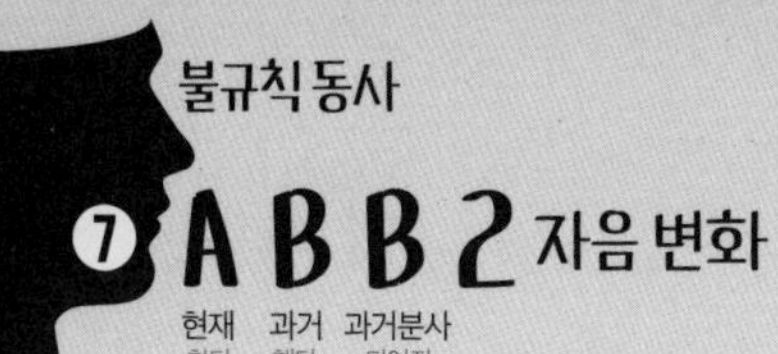

⑦ A B B 2 자음 변화

현재　과거　과거분사
한다　했다　~되어진

따라 말하기

음원 듣기

83

bend	bent	bent
bénd 벤드	bént 벤트	bént 벤트
구부리다	구부렸다	구부려진

bend bent bent

84

build	built	built
bíld 빌드	bílt 빌트	bílt 빌트
짓다	지었다	지어진

build built built

85

burn	burnt/burned	burnt/burned
bə́rn 벌언	bə́rnt 벌언트　bə́rnd 벌언드	bə́rnt 벌언트　bə́rnd 벌언드
태우다	태웠다	태워진

burn burnt/burned burnt/burned

86

deal	dealt/dealed	dealt/dealed
díːl 딜	délt 델트　díld 딜드	délt 델트　díld 딜드
다루다	다뤘다	다뤄진

deal dealt/dealed dealt/dealed

---

mean　meant　meant

mí:n 미인　mént 멘트　mént 멘트
의미하다　의미했다　의미되어진

mean　meant　meant

send　sent　sent

sénd 쎈드　sént 쎈트　sént 쎈트
보내다　보냈다　보내진

send　sent　sent

spend　spent　spent

spénd ㅅ펜드　spént ㅅ펜트　spént ㅅ펜트
소비하다　소비했다　소비되어진

spend　spent　spent

have/has　had　had

hǽv 해ㅂ hǽz 해ㅈ　hǽd 해드　hǽd 해드
가지다　가졌다　가져진

have/has　had　had

hear heard heard

híər히얼   hə́rd헐ㄷ   hə́rd헐ㄷ
듣다   들었다   들려진

91

hear heard heard

lay laid laid

léɪ레이   léɪd레이드   léɪd레이드
눕히다   눕혔다   눕혀진

92

lay laid laid

pay paid paid

péɪ페이   péɪd페이드   péɪd페이드
지불하다   지불했다   지불되어진

93

pay paid paid

say said said

séɪ쎄이   séd쎋(ㄷ)   séd쎋(ㄷ)
말하다   말했다   말해진

94

say said said

make　made　made

méɪk 메이크　méɪd 메이드　méɪd 메이드
만들다　만들었다　만들어진

make　made　made

중학영어 독해비급

중학교 교과서 13종에서 엄선한 문장의 문법별 구문독해!

Mike Hwang의 4배 빠른 독해 비법!

수학 공식처럼 누구나 쉽고 깔끔하게 해석 가능!

무료 유튜브 영상 강의 포함!

자매품 <중학영어 작문비급>

끝까지 읽는다면 책값의 100배 이상의 효과가 있음을 저자는 확신하고 있는데요, 먼저 책을 본 저도 확신이 들었습니다…저도 중학영어 독해비급으로 공부해 봤는데, 너무 재미있었습니다. 요런 책으로 가르치면 진짜 재미있겠다는 생각도 들었고요. - gnyju＊＊

시중에 나와있는 영어책들은 이미 우리 말 문장으로 해석을 해놓았는데 이 책은 직독직해를 알려주더라고요. 영어 그 자체를 이해할 수 있도록 도와주는 책이에요. - garden54＊＊

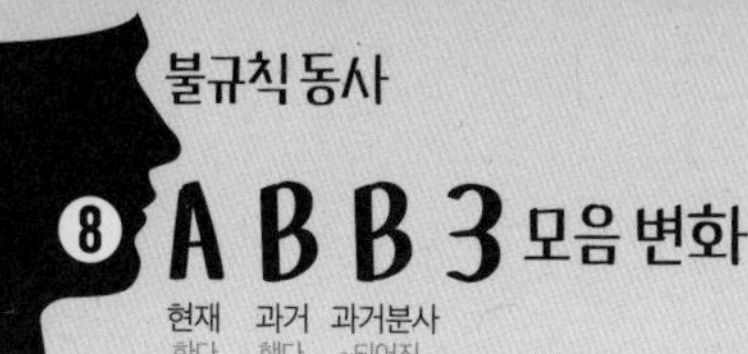

⑧ A B B 3 모음 변화

현재 과거 과거분사
한다 했다 ~되어진

따라 말하기

음원 듣기

96

bind   bound   bound

báɪnd바인드   báʊnd바운드   báʊnd바운드
묶다   묶었다   묶여진

bind bound bound

97

find   found   found

fáɪnd파인드   fáʊnd파운드   fáʊnd파운드
찾다   찾았다   찾아진

find found found

98

dig   dug   dug

díg디그   dʌ́g더그   dʌ́g더그
파다   팠다   파진

dig dug dug

99

hang   hung   hung

hǽŋ행   hʌ́ŋ헝   hʌ́ŋ헝
걸다   걸었다   걸려진

hang hung hung

stick stuck stuck

stík 스틱   stʌ́k 스턱   stʌ́k 스턱
붙다   붙었다   붙여진

stick stuck stuck

sting stung stung

stíŋ 스팅   stʌ́ŋ 스텅   stʌ́ŋ 스텅
찌르다   찔렀다   찔려진

sting stung stung

strike struck struck

stráɪk 스트롸이크   strʌ́k 스트뤽   strʌ́k 스트뤽
치다   쳤다   쳐진

strike struck struck

swing swung swung

swíŋ 스윙   swʌ́ŋ 스웡   swʌ́ŋ 스웡
흔들리다   흔들렸다   흔들려진

swing swung swung

win won won

wín윈 wˊɔn원 wˊɔn원
이기다 이겼다 이겨진

win won won

feed fed fed

fíːd피이드 féd페드 féd페드
먹이다 먹였다 먹여진

feed fed fed

hold held held

hóuld호울드 héld헬드 héld헬드
잡고 있다 잡고 있었다 잡혀진

hold held held

lead led led

líːd리이드 léd레드 léd레드
이끌다 이끌었다 이끌어진

lead led led

meet　met　met

míːt 미잍(ㅌ)　mét 멛(ㅌ)　mét 멛(ㅌ)
만나다　　만났다　　만나진

meet met met

read　read　read

ríːd 뤼이드　réd 뤠드　réd 뤠드
읽다　　읽었다　　읽혀진

read read read

shine　shone　shone

ʃáin 샤인　ʃóun 쇼운　ʃóun 쇼운
빛나다　　빛났다　　빛났던

shine shone shone

shoot　shot　shot

ʃúːt 슡(ㅌ)　ʃát 샽(ㅌ)　ʃát 샽(ㅌ)
쏘다　　쐈다　　싸진

shoot shot shot

sit sat sat

sít씯(ㅌ) sǽt쌛(ㅌ) sǽt쌛(ㅌ)
앉다　앉았다　앉았던

sit sat sat

slide slid slid

sláɪd슬라이ㄷ slíd슬리ㄷ slíd슬리ㄷ
미끄러지다 미끄러졌다 미끄러진

slide slid slid

spit spit/spat spit/spat

spít ㅅ핕　spít ㅅ핕 spǽt ㅅ팯　spít ㅅ핕 spǽt ㅅ뺕
(침) 뱉다　뱉었다　뱉어진

spit spit/spat spit/spat

stand stood stood

stǽnd ㅅ탠ㄷ　stúd ㅅ투ㄷ　stúd ㅅ투ㄷ
일어서다　일어섰다　일어섰던

stand stood stood

ABC AAA ABAn ABBn ABA ABB1 ABB2 **ABB3**

understand	understood	understood
ˌəndərstǽnd언덜ㅅ탠드	ˌəndərstúd언덜ㅅ투드	ˌəndərstúd언덜ㅅ투드
이해하다	이해했다	이해되어진

116

understand understood understood

자동암기 영단어 시리즈

특허 출원 중!
음악을 들으면 자동 암기되는 빈도순 영단어 5,000 개!

재미있는 퍼즐과 이야기를 통해
영단어가 장기 기억으로 옮겨진다!

꾸준히 할 수 있도록 **매일 카톡으로 어휘자료** 제공!
단톡방1: bit.ly/miklish | 단톡방2: bit.ly/jdvoca

음악이 나오면서 다음 단어가 무엇인지 기다림의 시간이 지루하지 않고 기대하게 한다. 아이에게 들려주었을 때 답을 외치고 싶어 안달이다. 너무 신박한 책이다. - 오사*

영어 단어장의 혁명이라고 하고 싶다…발음 + 필수 영단어 400 + 쓰기 + 자동 암기를 한꺼번에 할 수 있다…파닉스와 함께 <자동암기 초등 영단어 400>을 병행하기를 추천한다. 읽기 쓰기는 물론, 듣기와 자동 단어 암기까지 한 번에 할 수 있다. 최고의 영단어장이다. - lik3** am, is

are

do, does

fly

see

begin

drink

ring

shrink

sing

sink

swim

② AAA 변화

bet

broadcast

burst

cost

cut

fit

hit

hurt

let

put

quit

set

shut

bid

blow

draw

drive

eat

fall

forbid

forgive

give

go

grow

know

ride

rise

sew

shake

show

take

throw

write

 ABC AAA **ABAn** ABBn ABA ABB1 ABB2 ABB3

4 A B Bn 변화

bear

beat

bite

break

choose

forget

freeze

get

hide

lie

speak

steal

swear

tear
____

wake
____

wear
____

아빠표 영어 구구단 세트

2년간 딸을 가르치며 집필한 홈스쿨링 영어!

부모님과 함께 하루 10분, 1년 완성!

중학교 졸업까지 영어 걱정 끝!

무료강의 제공, 세이펜 지원.

5~12세 대상. 특히 5~9세를 집에서 가르치려면 이 책 밖에 없습니다.

총 13종 (12권+파닉스 카드 100장)

저희 딸이 다음책 없냐고 내놓으라고 하더라구요~^^ 아이가 영어 거부감있던 아이였는데 좋아하는 모습보니, 제가 더 감사합니다~
- sunjin07**

초등 2학년이 1년쯤 집에서 아빠표 영어를 익히고, 근처 어학원에서 테스트를 했어요. 어디서 배웠길래 레벨이 중학생 수준이냐고 하시더라고요. - 010 6636 ***

become

come

run

배송비 절약문고 시리즈

배송비 아끼려고 시험삼아 샀다가,
가격에 반하고, 충실한 내용에 반하고, 예쁜 디자인에 반하는!

1. 스티브잡스 연설문 영어 쉐도잉 +오 헨리 20년 후 단편소설 **상급**
스티브 잡스의 스탠포드 연설문 전문 수록. 영어 쉐도잉으로 말하기+듣기 실력 일취월장!

2. 생활영어 문법패턴 +장소별 여행영어 519 **중급**
생활영어 3500 문장에서 선별한 265문장 + 여행영어 254 문장

3. 미키쌤 선생의 4시간 유튜브 왕초보 영어 문법 **초급**
<단단 기초 영어공부 혼자하기>에서 '영어문법' 부분만 발췌해서 담았다.

4. 알파벳 따라쓰기 572 점선 따라쓰기 +대표 발음기호 **왕초보**
알파벳당 11회씩 대/소문자 총 572회를 쓰고 말하면 알파벳이 술술 익혀진다!

5. 초등영어 파닉스 119 점선 따라쓰기 **왕초보**
알파벳 26개의 대표 소리 30개를 익힌다!

6. 빈도순 초등영어 단어 112 +빈도순 초등 영어단어 800개 **왕초보**
교육부 선정 초등영어 단어 800개 중에서 가장 많이 쓰는 단어를 '빈도순'으로 112개!

7. 30분에 끝내는 영어 필기체 +공부명언 필기체 30 **중급**
종종 보이는 필기체 나만 못 읽나? +공부명언 30개로 공부 의욕 뿜뿜!

8. 팝송 영어공부 (배송비 절약문고 세트 전용 상품) **중급**
<유레카 팝송 영어회화 200>을 위한 추가곡 3곡!

9. 영어 공부법 MBTI +수준별 영어책 추천 **초급**
수준을 알기 위한 영어 심리테스트 19문제, 영어 공부법과 마이클리시 책 37종 소개.

10. 엄마표 영어 흘려듣기 절대로 하지 마라! **초급**
하루 15분 집에서 영어를 끝내는 비결! 2,000원으로 사는 2,000만원 노하우!

11. 약어 현대영어 약어사전 530 **중급**
현대 영어에서 가장 많이 쓰는 영어 약어 530개!

12. 용 영어문법 용어사전 300 **초급**
가장 많이 쓰는 문법 용어 300개! 가나다 순서로 담아 쉽게 설명했다!

---

⑥ A B B 1 자음, 모음 변화

bring

buy

catch

fight

seek

teach

think

creep

feel

keep

kneel

sleep

sweep

weep

leave

lose

sell

tell

⑦ A B B 2 자음 변화

bend

build

burn

deal

mean

send

spend

have, has

hear

lay

pay

say

make

⑧ A B B 3 자음, 모음 변화

bind

find

dig

hang

stick

sting

strike

swing

win

feed

hold

lead

meet

read

shine

shoot

sit

slide

spit

stand

understand

매일 영단어 카톡

매일 영어 단어 8~10개를 드립니다.
음악을 순서대로 반복해서 들으면 무음 구간에서 다음 곡이 떠오르는 음악 연상 암기 기법을 단어 암기에 적용했습니다.

실시간 질문/답변도 가능합니다. 어서 들어오세요!

마이클리시 영어공부 단톡방 주소
bit.ly/miklish